PARRASPUULLA

Arto Ingervo

PARRASPUULLA

© 2020 Arto Ingervo
Kansi: Books on Demand
Kustantaja: BoD – Books on Demand, Helsinki, Suomi
Valmistaja: BoD – Books on Demand, Norderstedt, Saksa
ISBN: 978-952-80-3808-5

Uni katsoi minua pienenä lintuna
istui veneeni parraspuulla ja lauloi.

Uni oli niin leppymätön
että siitä jäi
maan maku suuhun vielä
herättyäkin.

Tähdet olivat jo sammuneet
mutta veretön kuu
jäi sokeana
päivän kiusattavaksi.

Aurinkounet olivat alkaneet.

SISÄLLYS

TODEN HARHA

Vettä on jossakin syvälti tai
vain matalikkoja
mäki on ylös tai alas
en kysy

vaan kumpi määrää
suunnan
sinä vai
kivinen liike – siis paino?

On taas kirjoittamisen aika
että unet heräisivät
ja minä näkisin ne myös päivällä.

◊

Korvat heräävät ensiksi ja nukahtavat viimeksi. Suu
tulee hyvänä kakkosena. Jalat viipyvät kauemmin.

◊

Pieni kuiskaus täytti olennan
äänesi katosi sen pauhuun
mykistyit

mykkyytesi täytti sinut
et edes enää kuullut

koetit huuliasi
huomasit äkkiä että olit joku toinen
ja hymyilit anteeksipyytävästi.

◊

Katkeruus ja pelko ja toivottomuus, ylevyys ja oma-
hyväisyys ovat säröjä kristallipallossa. Ne heijastuvat
tulevaisuuteen ja vääristävät sen kuvan.

◊

Taiteellinen valamistyö jakaa tunnekokonaisuuden:
mitä onnistuneempi tulos on, sitä selvemmin tai-
teilija siirtyy sivustakatsojaksi ja vapautuu tunteen
pakotuksesta.

◊

On katkeraa herätä todellisuuteen,
jos on uskonut satuun.
Mutta et tiedä, mitä on katkeruus,
ellet koe sitä,
kuten sata ennen sinua
ja tuhat sinun jälkeesi.

Siksi et usko minua,
uskot vain satuun,
joka nauraa
ja peittää silmäsi
jotta katsoisit vain sen omaa tanssia,
kunnes se väsyy sinuun
ja antaa sinun herätä
ja pudota
keskelle satoja katkeria sydämiä.

Silloin et enää usko satuun.

◊

Tiedätkö
että on sammunutta valoa
se on pysähtynyt nyt ja tässä
liikekin pysähtyy
mutta sekin vain nyt ja tässä?

Kun istun aivan hiljaa
liike vallitsee minussa
tietenkin siksi että elän
mutta myös siksi että olen.

Kun ystäväni kuoli
hänen liikkeensä
jäi minun liikkeeseeni
heijastumana.
Kun minä kuolen
tahtoisitko ajatella
tunnetko mitään itsessäsi
joka heijastuu siitä
mikä oli minun liikettäni?
Olen kiitollinen sinulle
jos lupaat muistaa.

◊

Ystäväni oli niin kärsivällinen
hän odotti aina
ja kun hän sai vähänkin
jaksoi taas odottaa
on järkyttävää että hän sai niin vähän.

Lopultakin hän sentään omisti
jotain kokonaista
täydellistä.

◊

Aika on varjo
ajassa hetki:
oma varjomme
tuokio jossa
mennyt ja tuleva yhtyvät.

◊

Ne kentät
joita kävelemme
viheriöivät
ilman askeleitamme.

Kompastu
älä kiroa.

◊

Todellisuuden on tultava
joskus kiveksi että
sen nopea liike
jäisi viipymään aikaan
raskaaseen viivaan ja
että se saisi
hahmon ja painon.

Elämä ei ole vain juoksu
vaan myös kahle
jonka toinen pää
on taottu juuri
tuon valon ja pimeän rajaaman
paaden kylkeen
toinen ilman muuta
on sykkivään kiedottu
niin ettei kirpoa
ei hevin eikä voimin.

◊

Kirkkaat kuvat vaativat ehdotonta.

◊

Hiekka aaltoja hioo eivät hiekkaa aallot.

◊

Päivät tulevat ja menevät
katsokaa niiden läpi
kylväkää tekonne
niin kuin siemen kylvetään
satoa toivoen
kauneutta odottaen.

◊

KUUNTELUA

Todellisuus saavuttaa itsensä
ja katoaa.

Katseen kohdatessa sinut
hymyn silmiin siirtyessä
valtaa outo rauha minut
ajatusten piirtyessä
taakse kaiken tiedon rajan
tuolle puolen maisen ajan.

Otan unikutsun vastaan,
annan sille nimen uuden,
jonka kuulen ainoastaan
valvoessa ikuisuuden.
Säveliisi lomittuvat
toiveideni unikuvat.

Nyt on totta todempaakin:
kaikki, minkä ilo kertaa,
uuden sisällyksen saakin.
Kuka kysyy, kuka vertaa?
Hetki luotaa ikuisuuden,
sanasi luo kielen uuden.

◊

Pienet maailmat putoavat
ja räiskähtelevät
tuhansiksi
ja sulavat yhteen.
Yksi jäi kukan terälle
ja aurinko lähti kiertämään sen kehää.

Mielen viime piirtelyt putoavat lehdeltä
ropsahtavat polun kuluneeseen neulastoon
sammakon suupielessä
ivallinen hymy turvallisten kortten takaa:
kesä päivä kesäpäivä.

◊

Variksenpelätin nosti hattuaan ja toivotti hyvää
huomenta.

◊

Äyräiden reunat
    poutahauraat
    murenevat.
Viima puree hampaansa
    maan multaan.
Vedessä leikkivät renkaat.

◊

Taivaat valuvat hiljaa laaksoihin
leveinä sinisinä virtoina
puhkoen tiensä läpi metsän ja kallion.
Pilvet jäävät lepäämään puiden oksille.

◊

Ruosteisten lammikoiden pohjalta
etsin pientä aurinkoa
joka putosi.

Me asumme suomupuvuissamme
aamusta iltaan
olisi hauska tuntea kuinka
pieni aurinko
polttaa sen riekaleiksi
ennen kuin se lopullisesti
kasvaa meihin.
Ei se kättä polta.

◊

Suurten vesien takana
asuvat graniittikukkulat
joita ajatuksemme kiipeävät
älä unohda itseäsi rinteille.

◊

Joen tyyni liikkumattomuus
virtasi minuun
kadotin asenteen
mieleni asui vedessä.
Kosket olivat äärettömyydessä
meret olivat äärettömyydessä
joki virtasi tyynenä lävitseni.

◊

Jonot kasvavat iankaikkisesta iankaikkiseen
lohet nousevat
uros laskee maitinsa ja käy tarpeettomaksi
laiturit täyttyvät ostajista
kurjet tanssivat taukoamatta
tuuli puhaltaa pilvet vasten kasvojamme.

◊

Tuuli kääntyi toisen yli
kylä eli myrskyn vaivan
uljuudenkin.

◊

Kuu istutettiin yhä uudelleen
kirkkain valo synnyttää synkimmät varjot.
Et voi vetäytyä itsesi varjoon.

◊

Rakastetun suudelma
   ei ole virta
     vaikka se vie mukanaan.
Rakastetun katse
   ei ole aurinko
     vaikka se lämmittää.
Rakastetun ääni
   ei ole lintujen liverrys
     vaikka se soi suloisena korvissani.

Virran minä voin mitata,
auringon minä voin tutkia,
lintujen liverryksen voin oppia tuntemaan.
Mutta rakkaus on sama
   suudelmassa
     katseessa
       äänessä
         sinussa
           minussa.
Se on sama silloinkin
kun se vaikenee ja luopuu.
Aina se siunaa sinua.

◊

Tänään
tänään on kadonnut
siksi on minämme kadonnut
rajat puuttuvat näen mielesi
hetkenä jota ei ole
kun on eilinen ja huominen
kun tänään on kadonnut
kun on keskiyö.

◊

Hiljaisuus tukkii korvani
vedet ryöppyävät lävitseni
äänettömät rajut pyörteet
virta kiidättää minua ja
näen itseni rantakivellä
näen kuinka kohotan kättä
näen täältä vedestä kuinka
sinä olit jättänyt minut yksin kivelle
ja siksi kohotan kättä.

◊

Rakkaus peittää joskus totuuden, mutta totuus ei
peitä koskaan rakkautta.

◊

Rakkaus lohduttaa, viha tekee katkeraksi. Rakkaus antaa uusia voimia, viha vapauttaa entisiä ja on siksi niin kuluttavaa.

◊

Voitonriemulla ja vahingonilolla ei rakenneta tulevaisuutta.

◊

Itsekkyys on kuin luonnonlaki, joka pitää meidät maan päällä. Epäitsekkäinkin lienee vain hieman maasta irti.

◊

Itsekkyys sitoo voimia, joista tuskin osaamme edes uneksia. Tuntuu siltä, että täydellisen epäitsekäs rakkaus olisi uuden puhtaan sielun veroinen – ehkä juuri sitä.

◊

Epiikka – lyriikka – draama
ovat kuuntelua mitä suurimmassa määrin. Eeppinen ilmaisutapa syntyi ihmiskunnan tietoiseen kehitykseen varmaan ensimmäisenä kirjallisuudenlajina, suullisena selostuksena, kertomuksena jostain tapahtumasta. Draama oli aluksi vain itse tapahtuma. Epiikka suuntautuu periaatteessa menneisyyteen, tapahtuneeseen – tavallaan silloinkin, kun se kertoo tulevista tapahtumista,

mielikuvitusmaailmasta jne. Epiikka on prosessia, tapahtumakulkuja. Draama puolestaan suuntaa tulevaan. Näytelmäesitys on koko ajan tapahtumattoman toteuttamista. Jokainen esityskerta näyttämöllä, elämännäyttämölläkin, on ainutkertainen, vaikka käsikirjoitus olisi sama. Lyriikka ikään kuin sitoo epiikan ja draaman toisiinsa ja on aina vain juuri siinä hetkessä, joka on. Kaikki kolme sekoittuvat kuitenkin koko ajan toisiinsa muuttuvin suhtein.

Epiikka liittyy tietoisuuteen, ajatteluun, muisteluun. Draama liittyy usein aivan sokeaankin tahtoon, toimintaan. Tunne, tuo puoliksi tietoinen, puoliksi sokea sielunkokemus koetaan aina menneisyyden ja tulevaisuuden rajalla, nykyhetkessä. Tunnekokemusta voi eeppisesti *kuvailla* ja dramaattisesti *kuvastaa*, mutta tunteen *kokeminen* on mahdollista vain nykyhetkessä, nyt ja tässä. Eeppisyys, lyyrisyys ja dramatiikka ovat ihmisen luontaisia ominaisuuksia, sielullisia kokemuksia, jotka luonnehtivat, värittävät ja ilmentävät inhimillistä todellisuutta syntymästä kuolemaan saakka.

◊

MUISTOT

Kiljukaa kaikki maailman kiljuhevoset
ja olkaa tuhmat ja pyöreät
ja tulkaa halaamaan väsyneitä isiä ja äitejä

Kaktuksenpoimija on taivuttanut keppinsä
piikkisiä nuppuja pussiinsa
hän poimii
etteivät piikit pistäisi.

Hiekkakivimajansa edessä
ne hymyilivät
ne lapset
persikoita hymyilivät.

Pinjojen tuoksussa
kulkevat tiet
hikiset miehet ja naiset
levittävät peittonsa
mantelipuiden alle
korjuulaulujaan laulavat
luostarin muureille.

Helado!
Musiikin soidessa
jäätelö valuu ruskeissa kourissa
on hetki ja pisara
juuri sulaneet molemmat.

◊

Lamput haparoivat pimeyttä
sateenvarjo siirtyy keinahdellen muurin viertä.
Odotan pääsyä hetkeen mukaan.

◊

Kaikki kyläläiset
lähtivät katsomaan juhlaa
kuinka
miehet suihkuttivat leileistä viiniä
suuhunsa ja kiiltäville kasvoilleen
naiset paljastivat rintansa
ja puristivat niitä silmät himossa

mutta he palasivat majoihinsa
päät painuksissa näkemästään
kun joku säpsähti
hän luuli kuulleensa
hiljaisuuden astuvan.

◊

Poika tutki varjojen viivoja
veden ja taivaan viivoja.

◊

Vastapäisen talon takapihalla
olisi tontin paikka
siellä asuu
kolmivuotisia haapoja ja
yksi vanha koivu

tuon kaiken minä näin yhdellä silmäyksellä
mies oli kuin väsähtänyt
kuin mies
oli kuin mies ja tähyili
olisi tontin paikka jos heräisitte
näkisitte sen yhdellä silmäyksellä.

Sellaisista asioista jos itkee
niin ei tiedä kuitenkaan miksi tai miksi ei
jos kerran itkee.

◊

Hajamieliset ajatukset imevät kaiken kuin sieni.
Joskus jos satumme vahingossa tökkäämään niitä
muistimme lokeroissa, roiskauttavat ne yllättäviä
asioita, joita olivat itseensä huomaamattamme
sitoneet.

◊

Perustieto:
Jotakin pinnasta rapautunutta tutkittiin
suurennuslasilla
sirut piirsivät kuvia pudotessaan.

Selonteko:
Metsä kasvoi kuin kasvoikin
käki kukkui kultiansa kuin kukkuikin
jänis viitaan loikki kuin loikkikin.

Yhteenveto:
Kuka käski kenen tulla miksi ja minne.

Päätelmä:
Kun kaiken kukkuraksi kootaan kaikki kukkuraksi
voidaan tulla ja mennä ja vaikka pestä kädet.

Loppulausunto:
Rakkaat ystävät
tämä oli tarina kahdesta suuresta
jotka eivät olleet suuret
ja kahdesta pienestä
jotka vieläkin ovat pienet.

◊

JUMALUUS

Antiikin kreikkalainen
rakensi temppelinsä jumaltensa kodiksi.
Sitten tuli seurakunta,
joka yhdessä etsi paennutta Jumalaansa
katedraalin korkeiden torninhuippujen suunnasta.
Nykyihminen voi vain yksilönä
löytää rakkauden käskyn
omasta sisimmästään,
jokapäiväisestä elämästä ja
ympäröivästä todellisuudesta.

Pienen pientä kapuamista
suuren suurta vaivaa
jo onnistui vihdoin kiivetä kynnyspuulle
ja raottaa aivan omilla voimilla
ovea jonnekin uuteen.

Jotain laajaako luulit tapaavasi
vai ihmeellistä näkemätöntä
tai kenties arvasit oikein:
vain portaat alkavat aivan kynnyksen luota.

◊

On vaikeampi kulkea totuuden jäljissä kuin lainata
valheelle kenkiä.

◊

Ihmiset nauravat
kun jumalat
astuvat alas istuimiltaan
ettei kukaan tietäisi
kenen jumalia ne olivat.

◊

Ihmisen viisaus on sanojen viisautta, jumalten viisaus
on elämänjuoksu, rakkauden viisaus kattaa kaiken.

◊

Jos enkeleitä on, ne heijastavat meitä yhtä paljon kun me niitä.

◊

Mitä on Jumala,
jonka sankaruutta ei julisteta;
mitä on Jumala,
joka tarvitsee sankaruutta!

◊

Tarvitseeko Jumala puolestapuhujia?

◊

Jumalanpelko voi olla sitäkin, että Jumala pelkää. Vai voiko?

◊

Jumala on ikuinen meille, jotka katsomme vaakasuoraan, aikaa eteen ja taakse.

◊

Kun rakkaus läpäisee ajattelun, tunteen ja tahdon, silloin uskokin pääsee niihin asumaan.

◊

Jokaiseen sieluun kätkeytyy jumaluus.
Päämääränä on ilmentää tämä sisäinen jumaluus
ulkoisen ja sisäisen luonnon hallinnalla.
Tee se joko työllä tai hartautta harjoittamalla tai
hengen hallinnalla tai filosofialla, yhdellä taikka
useammalla taikka kaikilla näillä – ja ole vapaa.
Tämä on koko uskonto. Oppijärjestelmät tai
uskonkappaleet tai rituaalit tai kirjat tai temppelit tai
muodot ovat vain toisarvoisia yksityiskohtia.

◊

Kuka loi ikuisuuden
jolla ei ole mittaa
ei ulottuvuutta
mutta joka täyttää kaiken?

◊

Ehkä ihminen on
rikkain kaikista:
ihmisellä on maailma,
on hyvä ja paha,
on taivas ja kadotus.
Kenelläkään muulla
koko maailmankaikkeudessa
ei ole niitä kaikkia.

◊

SIUNAAN

Puen jalkasi suudelmiin
ja puhtaisiin askeliin
peitän polvesi suudelmiin
ja puhtaaseen palveluun
kiedon lanteesi suudelmiin
ja puhtaaseen rakkauteen
katan kätesi suudelmiin
ja puhtaisiin tekoihin
kätken rintasi suudelmiin
ja puhtaaseen taisteluun
ja viisauden sanoihin
verhoan otsasi suudelmiin
ota vastaan siunaus.

Etsin tietä
sen kuva on sinussa.

◊

Nöyryys pienentää suureksi.

◊

Maailman kaunein anomus: Isä, anna heille anteeksi,
sillä he eivät tiedä, mitä he tekevät.

◊

Kivet puhuvat
pyydä Jumalalta kuulo
kasvit puhuvat
pyydä Jumalalta kuulo
eläimet puhuvat
pyydä Jumalalta kuulo
sinä puhut
kysy kuuleeko Jumala.

◊

Olen törmännyt hypoteettiseen kysymykseen, mikä olisi kristillisen Jumalan vastakohta. Paholainenko? On todella vaikea olennoida absoluuttista hyvää ja absoluuttista pahaa.

Jos Jumala puuttuisi elämästämme ja jos maisesta hyvästä tulisi kaikki kaikessa ja koko totuutemme, ei siitä olisi Jumalan vastakohdaksi. Sen vastakohtana olisi pikemminkin oman itsemme ylentäminen. Jos kristittyinä kieltäisimme Jumalan olemassaolon, jos itsekkyys ja oma etu olisivat elämämme koko sisältö, meistä tulisi jäätävän kylmiä, piittaamattomia, kadottaisimme itsemme. Jos taas kokisimme oman hyvyytemme, anteliaisuutemme, moraalisen paremmuutemme, vaarana on, että tuntisimme olevamme pelastettuja ja valittuja suuressa hurskaudessamme, hurskaassa kurjuudessammekin, itse asiassa kurottaisimme arvoasteikossamme jopa Jumalan veroiseksi. Mielemme, arvomaailmamme liekehtisi omaa hyvyyttämme. Siinä olisi kylmyyden vastakohta. On kuin horjuisimme vasemmalle tai oikealle, mutta emme kulkisi totuuden ja elämän tietä.

Eivät siis maiset puutteet, ei Jumalan kieltäminen olisi Jumalan vastakohta. Ne olisivat erhettä.

Mikä on tie? Tie johtaa jonnekin. Kun Raamatussa Kristus sanoo olevansa tie, hän tarjoaa suuntaa ja mahdollisuutta. Tiessä on kaksi suuntaa. Jos lähdemme väärään suuntaan, etäännymme päämäärästämme. Etääntyminen on aivan muuta kuin kieltämisen tai itseriittoisuuden harha. Jos Jumala on rakkaus, Jumalasta etääntyminen vie yhä kauemmaksi rakkaudesta. Siitä ei ehkä ole paluuta. Kenties juuri siinä onkin Jumalan vastakohta.

◊

KANGASTUS

Moottorivene ajaa suoraan sisälle
Beethoven syöksyy ulos
toisen sinfonian elämänsiltaa
ummehtuneesta epätoivostaan
kunnes siirretään muovipussiin.
Moottorin ääni leikkaa hiljaisuuden
kiiltokuvaksi poikasten käsiin.

Ihminen – kaikkeuden kuva.

◊

Törröttävien piippujen viha
laskeutuu kaupungin ylle
mustana seittinä.

◊

Kone ei anna aikaa
sehän tarvitsee sitä.

◊

Nouse kotka
nyt kun tunnet laakson
nouse ettet unohda
maan avaruutta
etkä pidä taruna
siiveniskua ilman kimalluksessa.

◊

Sanat elävät ja hengittävät:
niitä on osattava kuunnella,
sillä ne vaikuttavat joka tapauksessa.

◊

"Puolisoni" – viileää virallisuutta.
"Vaimoni" – kodikkuutta ja lämpöä
kuin kirjava villalapanen
nahkasormikkaan rinnalla.

◊

Pidän kaurapuurosta enemmän.
Silti riisipuuro kuuluu jouluun.

◊

Hellittelynimityksiä ei sitten heitelläkään pitkin
maailmaa.

◊

JOS

Jos haluaa tietää mutta ei saa tietää,
jos haluaa ymmärtää mutta ei ymmärrä.
jos kysyy mutta vastaus ohittaa kysymyksen,
niin mitä sitten?

◊

Jos-sana kertoo ehdosta, toivosta tai unelmasta mut-
ta myös neuvottomuudesta.

◊

Ei ole turhaa aikaa, sen taitamatonta hukkaamista ja
tuhlaamista kyllä.

◊

Menneen ja tulevan raja siirtyy koko ajan eteenpäin.
Me kompuroimme mukana.

◊

Sano kyllä ja saat tämän
ja vaimo sanoi
ja me saimme tämän
nämä kuvat nämä naurut
nämä vieraat ihmiset.

◊

Kun vieras saapuu ovat huoneet täynnä odotusta.

◊

Hiljaisuus murskaa otsan ja kasvot
sinetinavaaja katselee peilikuvaansa
kaikki vetävät verhoja ikkunoihin
ymmärtäväiset hymyt kerätään ja luetteloidaan
pilvet ovat kuristaneet kuun.

◊

Hymy katoaa, kun sitä koskettaa.

◊

Lapsen silmissä näkyy taivas, aikuisen silmissä
maailma, vanhuksen silmissä elämä.

◊

Kielellä herkuttelua:
Sanoissa on paljon mielenkiintoista niiden asioiden lisäksi, mistä ne meille kertovat. Mietitään sanaa AJATELLA. Sen lähtökohtana on sana AJAA. Autoilija AJAA autoaan tai AJELEE sillä. Autojansa hän saattaa AJATTAA kuljettajillaan – tai mikseipä AJATELLA autoillaan tavaroita eri paikkoihin. Me puolestamme AJATTELEMME pienillä aivosoluillamme asioita mielteestä toiseen. [Latinan *co-*, *com-* *cum* tarkoittaa yhdessä tai yhteen; *agitō* ajamista; *co-agitō* = *cōgitō* ajattelemista.] Jos suurempi firma olikin autoilijan taustalla, se AJATTELUTTI autoilijan autoja. Meitä AJATTELUTTAVAT ongelmat. Tätä jos POHDIT, on hyvä muistaa, että POHTIMINEN oli alun perin työskentelyä soikealla astialla, POHTIMELLA, jota ravistelemalla saatiin puidusta viljasta karistetuksi viimeiset pölyt ja roskat. POHDITUTTAAKO?

◊

Ajatukset ilmestyvät äkillisesti, juolahtavat mieleen. Tuntuu siltä, etteivät aivoni niitä tee. Ne sieppaavat niitä. Eivät radio- ja televisiolaitekaan tee ohjelmia, ne sieppaavat niitä eetteristä, aivot puolestaan ajatuksia loputtomista hengenvarastoista. Joskus joutuu etsiskelemään ohjelmia eetteristä. Ajattelussa kutsumme sellaista miettimiseksi ja pohtimiseksi.

Kun ajattelu on viritetty tietylle "aallonpituudelle", saattaa ongelman ratkaisu ilmestyä yllättäen silloin kun vähiten odottaa.

◊

Sanotaan "lukee kuin piru Raamattua". Lukeeko piru Raamattua? Vaiko meitä?

◊

Tee hyvä päätös joka päivä. Silloin sinulla on 365 hyvää päätöstä vuodessa. Nyt voitkin jo ryhtyä niitä toteuttamaan.

◊

Vain ehjä voi hajota tai särkyä, vain hajonneen tai särkyneen voi koota uudelleen.

◊

Kerrotaan, että maailmassa on 6000–8000 eri kieltä. Ajatella, kuinka monta tapaa ilmaista itseään. Ja jokainen kieli murenee murteiksi, jokainen murre jakaantuu ryhmien puheeksi, perheiden ja yksilöiden sanomisiksi. Ajatella, kuinka monta tapaa ilmaista it-

seään äänineen, eleineen, ilmeineen, ajatuksineen,
tunteineen, tahtoineen! HALOO! Onko siellä ketään?

◊

Elävän ajatuksen
voi surmata yhtä monella tavalla
kuin on kieliä ja kielenpuhujia.

◊

KAHDESTI

Ihmisen uudestisyntyminen on
silmien uudestisyntymistä.

Jokainen kieli ajattelee eri lailla, synnyttää erilaisia, usein piilotajuisia tulkintoja. Tarkastellaanpa vaikka sanaa *kirjain*. Alun perin se on liittynyt koristeluun, kirjomiseen. Pieni koristemerkki, sitten se sai uuden tarkoituksen. Mitä sanoo ruotsin kielen *bokstav*, kirjain. Joskus *bok* tarkoitti kirjoitettua pyökkipuista laattaa, *stav* sauvaa. Kirjapaino kai pyökkisauvaa tarvitsi. Tulee mieleen ladottava kirjasin. Ranskan *tête*, pää, tulee latinan sanasta *testa*, saviruukku. Suomen kielen *pää* on tarkoittanut sitä, mihin jokin loppuu. Kun käännämme kielestä toiseen, koko äänne- ja viitemaisemakin muuttuu. Assosiaatiot saavat vauhtia sanojen merkityskirjosta. (Mitä kaikkea esim. suomen "laskea" merkitseekään!) Myös kieliopillisen rakenteen erilaisuus voi olla suuri ja vaikuttaa tapaamme ajatella ja painottaa. Niinpä voi hyvällä syyllä sanoa, että kääntäminen on aina luovaa toimintaa, koska täsmällinen käännös ei yleensä ole kaikinpuolisesti mahdollista. No, yritäpä vaikka kääntää jollekin tuntemallesi tai osaamallesi kielelle kaikin vivahtein sana "juoksennellaksemme".

◊

(Seuraavassa suomennokset poimittu tekijän käännöstöistä:)

51

Roomalainen Gaius Valerius Catullus (n. 84–54 eKr.) laulaa onnesta ja kärsimyksestä, ystävistä ja rakkaudesta. Hänen kuuluisa innoittajansa on ylhäisaatelisen poliitikon puoliso Lesbia, oikealta nimeltään Clodia, joka toi kiihkoa ja tuskaa nuorena kuolleen runoilijan elämään. Tunnettu sitaatti on elegisen mitan eli distikonin muotoinen

Odi et amo. Quare id faciam, fortasse requiris.
Nescio. Sed fieri sentio et excrucior.

Kun vihaan, lemmin, tahtonet tietää, miksi näin
tunnen.
Tiedä en, miksi niin käy. Tunnen ja kärsiä saan.

◊

VENI CREATOR SPIRITUS –
TULE LUOKSE, LUOJAHENKI

Oletettu sepittäjä **Rabanus Maurus, saksalainen teologi, benediktiinimunkki, Mainzin arkkipiispa** (776–856); luettu mm. 1. tammikuuta ja käytetty helluntaihymninä

Veni, Creator Spiritus,
mentes tuorum visita,
imple superna gratia
quae tu creasti pectora.

Qui diceris Paraclitus,
altissimi donum Dei,
fons vivus, ignis, caritas,
et spiritalis unctio.

Tu, septiformis munere,
digitus peternae dexterae,
Tu rite promissum Patris,
sermone ditans guttura.

Accende lumen sensibus:
infunde amorem cordibus:
infirma nostri corporis
virtute firmans perpeti.

Hostem repellas longius,
pacemque dones protinus:
ductore sic te praevio
vitemus omne noxium.

Per te sciamus da Patrem,
noscamus atque Filium;
Teque utriusque Spiritum
credamus omni tempore.

Deo Patri sit gloria
et Filio, qui a mortuis
surrexit, ac Paraclito,
in saeculorum saecula.
Amen

◊

Tule luokse, Luojahenki,
mieleen saavu omiesi,
sydän täytä luotujesi
ylhäisellä armollasi.

Nimesi on Lohduttaja,
korkein lahja Jumalalta,
elonlähde, liekki kallis,
hengellinen voitelumme.

Lahja seitsenkertaisesti,
Jumalamme olet sormi
kädessänsä oikeassa,
meille kielen rikastaja.

Saata valo ymmärrykseen,
rakkautta sydämeemme,
lujita nyt ruumis heikko
hyveilläsi kestäväksi.

Vihollinen kauas heitä,
rauhasi suo viipymättä;
edellämme kulkeissasi
väistää voimme turmiomme.

Oppikaamme avullasi
Isä, Poika tiedostamaan;
Sinun sekä Heidän kahden
henkeen aina turvatkaamme.

Kunnia nyt ikuisesti
olkoon Isän sekä Pojan,
joka ylös kuolemasta
nousi, samoin Pyhän Hengen.
Aamen

◊

Johann Wolfgang von Goethe
(Katkelma runosta Metamorphose der Tiere)

Zweck sein selbst ist jegliches Tier, vollkommen entspringt
es
Aus dem Schoß der Natur und zeugt vollkommene Kinder.
Alle Glieder bilden sich aus nach ewgen Gesetzen,
Und die seltenste Form bewahrt im Geheimen das Urbild.
So ist jeglicher Mund geschickt, die Speise zu fassen,

Welche dem Körper gebührt, es sei nun schwächlich und zahnlos
Oder mächtiger Kiefer gezähnt, in jeglichem Falle
Fördert ein schicklich Organ den übrigen Gliedern die Nahrung.
Auch bewegt sich jeglicher Fuß, der lange, der kurze,
Ganz harmonisch zum Sinne des Tieres und seinem Bedürfnis.

◊

Jokainen eläinpä itse on tavoite, muotona valmis
luonnonhelmasta tullen ja valmiita lapsia saaden.
Ikuisten lakien mukaanhan jäsenet muotonsa saavat.
Salassa oudoimman muodonkin säilyttää ikimalli.
Siten on jokainen suu saanut tehtävän tarttua
ruokaan,
ruumiille kuuluvaan, jos vaikka suu on hampaita
vailla
tai jos on leuassa mahtavat hampaat, kuitenkin aina
jäsenten ruokkija suu on ja sopivan ravinnon tuoja.
Jalkakin jokainen liikkuu, olkoon lyhyt tai pitkä,
sovussa aivan eläimen ynnä sen tarpeiden kanssa.

◊

Kaikki edellä mainittu koskee tietysti klassista kirjallisuuttakin ja mitä suurimmassa määrin myös

Raamatun sekä muiden pyhien kirjojen erikielisiä käännöksiä! Niihin tutustumalla sen huomaa.

◊

IHMINEN

Kun kansansatu kertoo eläimistä,
jo tiedämmekin silloin heti mistä.
Ei epäselväksi nyt lainkaan jää:
meitähän eläinjoukko esittää.

Aineellisen maailmamme perustana on mineraa-
limaailma, ns. kivikunta. Kasveihin ja niihin rinnas-
tettaviin yhtenäisiin kokonaisuuksiin sisältyy kiven-
näisperusta. Mutta kivi ei ole kasvi, kasvi ei ole kivi. Kasvi
kasvaa ja lisääntyy, kide ei ole kasvamista eikä lisään-
tymistä.

Kasvi ei ole myöskään eläin eikä eläin kasvi. Mimosa
reagoi kosketukseen, lihansyöjäkasvi muistuttaa petoa,
myös kasvit viestivät kemiallisesti ja sähköisesti
toisilleen, mutta eläin voi kokea mielihyvää ja
mielipahaa, monenlaisia tunteita.

Eläin ei ole ihminen. Emme voi sanoa "eläimet ja muut
ihmiset". Tuntuu surulliselta, kun nykyään näkee ja
kuulee sanottavan "ihminen ja muut eläimet".

Miksi? Koska siinä paljastuu se suunnaton pinnallisuus,
materialismi, joka on vallannut nykymaailman. Jos
ihminen olisi vain se kokonaisuus, joka sisältää geenejä
myöten ne elementit, mitä tapaamme muussakin
luonnossa, voisi sanoa, että ihminen on eläin, eläin vailla
sielua ja henkeä. Tämä näkemys on katastrofi,
ihmisyyden haaksirikko, suuri tappio koko tulevalle
ihmiskunnalle ja sen henkiselle kehitykselle.

Joka väittää ihmistä eläimeksi, on kadottanut henkisen maailman, sen, mistä kaikki virikkeet kehitykseen, itsensä tiedostamiseen, käsitteiden muodostamiseen, taiteeseen, tieteeseen, ylevyyteen, jalouteen, anteeksiantoon ja uskontoon ovat peräisin. Maailmasta on tullut mekaaninen, elämän ymmärtäminen on tällöin kadonnut.

Ihminen on ainoa aineellisen maailman asukas, jolla henki, minuus, on käsillä. Viisainkaan eläin ei ikinä pysty inhimillisiin sielullishenkisiin suorituksiin. Eläin ei pohdi menneisyyttä eikä tulevaisuutta. Eläintä ohjaavat vain vaistot ja vietit – oppimisessakin. Eläimen viisaus on annettua. Ihmisen viisaus on luomistyön jatke. Ihmisen minuus on pisara jumalallista hengenkirkkautta. Sitä ei pidä runnoa nykyisen kaltaisella järkyttävällä sokeudella. Etsimättä mieleen nousevat sanat "rikos ihmiskunnan tulevaisuutta vastaan" ja UT:sta Matt. 18:6.

On kuitenkin ymmärrettävää, että luonnontieteellisen ajattelun ja teknisen kehityksen maailmanvalloitus on johtanut nykyiseen tilanteeseen, vallannut ajatuksen ja mielen. Nyt olisikin löydettävä omasta sisimmästä ne voimat, jotka pystyvät valaisemaan nykytietämyksen hengenvalolla.

◊

MIETTEITÄ JA NÄKÖKOHTIA

Lumi syöksyy yli kattotasanteen
varisevaksi tuiskuksi:
villoiksi hajoava lammaslauma
jota paimen odottaa luuta ja lapio kädessä.

TANSKALAINEN

Asuin ja toimin Tanskassa kahdeksan vuotta. Tanskalaisia voi luonnehtia monella tavoin. On kuitenkin yksi seikka, joka minua ihastutti ja tulee aina sikäläistä maailmaa ajatellessani mieleen – luonnehtimaan ainakin kööpenhaminalaisia intellektuelleja: huumori, älykäs, monesti pisteliäs ja usein kielellisesti nokkela. Sellainen salamannopea kekseliäisyys ilahduttaa riippumatta siitä, vastaako se edes todellista tilannetta. Se kannattaa itse itseään. Se tarttuu.

Asiaa valaissee pieni kuulemani esimerkki. Tanskassa oli pääministerinä sosiaalidemokraatti Thorvald Stauning kauan, aina vuoteen 1942 saakka. Kerran hän kuuleman mukaan huudahti konservatiivijohtaja Christmas Møllerille: "Luuleeko kansanedustaja, että minä olen täydellinen idiootti?" – "Mikään ei ole täydellistä, herra pääministeri", vastasi Møller kohteliaasti.

□

ASKEL

Askel on hidastunut. Aivan kuin kävelisin Timo Mäkelän sarjakuvassa Minun elämäni. Ohirientäjiä on paljon. Nuori äiti työntää lastenvaunujaan rauhallisesti mutta ohittaa silti. Solakka vartalo, haaleat farkut ja turkoosi tuulipusero, pitkät jalat. Vähän lämpimämmällä säällä vilkkuisi varmaan paljas iho vyötäröltä. Nilkat taitavat nytkin olla paljaat ja kylmälle alttiit. Tyypillinen nykynuori. Istuessa saatan olla häntä pitempi, enkä kuitenkaan ole pitkäselkäinen. Kävellessään hän on minua melkein päätä pitempi. Nykyajan ravinto ja elintavat kai venyttävät, mutta lähinnä vain sääret ja reidet pitenevät. Siksi nuoremmat harppovatkin niin nopeasti. Ehkä en olekaan vielä aivan mennyttä, minulla on vain lyhyemmät jalat. Ja on niitä vielä minuakin lyhempiä, sataseitsemänkymmentäsenttisiä tai alle.

Vaikka kyllä kaikki tuntuu muuttuneen kovin erilaiseksi. Televisiokuvat vaihtuvat ja vilisevät. Rauha on poissa. Kadulla ei väistetä, ei huomata vastaantulevaa. Ovia ei kohteliaasti avata toisille, istumapaikkaa ei tarjota, lapset tuskin ovat sellaisesta kuulleetkaan, saati oppineet noudattamaan hyvinä pidettyjä tapoja. Ja sitten kaikki tulisi vain saada. Avustuksia, stipendejä, lisiä, tukia. Yhteiskunta maksaa. Oikeuksia, ei velvollisuuksia, vaatimuksia, ei vastuuta. Tältäkö on tuntunut aikaisemmista sukupolvista, tietenkin mutatis mutandis. Olisikohan?

Tuntuu kuin itse olisi jäänyt kerrosta alemmaksi, kaikki on muuttunut yhtä kerrosta pinnallisemmaksi. Siihen uuteen kerrokseen kuuluvat myös kamerakännykät, tietokonetemppuilut, pelikonsolit, nettimaailma, digitelevisio, boksit ja dvd:t, tabletit, älypuhelimet, sosiaalinen media, globalisaatio, entistä suurempi kiire, pätkätyöt ja saneeraukset mutta myös pakolaispolitiikka, ihmisoikeusväittelyt, tasa-arvokiistat, ilmastonmuutos ja mitä kaikkea niitä onkaan. Askel on pidentynyt mutta myös tihentynyt.

□

AAMUYÖ

Aamuyön tunteina vuoteessa valvoessa puoliksi unessa ajatukset saattavat muotoutua sanoiksi ja lauseiksi, jotka haluaisi tallentaa, mutta joita ei voi ruveta kirjoittamaan muistiin, koska valo ja kädenliike rikkoisivat tunnelman. Ei myöskään voi ruveta sanelemaan mikrofoniin mitään, koska ääni karkottaisi äänettömän puheen. Niinpä on vain yritettävä painaa kaikki muistiinsa. Ikävä vain, ettei sekään toimi, sillä kokonaan herääminen vie hyvin muotoillut ajatukset jonnekin mielen kätköihin ja vain ajatuksentyngät jäävät törröttämään valverajan yläpuolelle.

Joka tapauksessa aamuyöllä katselin menneisyyttäni ja näin vieraan henkilön. Ensimmäistä kertaa vierastin selvästi miestä, jonka tunsin vuosien takaa ja jonka elämää olin elänyt jo yli kahdeksankymmentä vuotta. Olin aivan kuin sivullinen, vieras itselleni, katsoja, lukija. Oletko joskus melkoisesti alkoholia nautittuasi tuijottanut itseäsi peilistä ja tuntenut katselevasi outoja kasvoja. Tunnelma oli hieman samantapainen, paitsi etten ollut nauttinut alkoholia ja että oma elämäni oli peili, johon tuijotin.

Yhtäkkiä minulle selvisi, että tarkastelin itseäni toisesta suunnasta kuin tavallisesti. Tavallisesti ajattelen aistit hereillä ja ulospäin suuntautuneina. Nyt olin ottanut välimatkaa aisteihini – siksi oli myös mahdotonta kirjoittaa tai puhua tilanteen perusteellisesti muuttumatta. Katselin siis yhtä ihmiselämää, jonka vieraana olin ollut vuosikymmenestä toiseen, jonka kokemiseen olin osallistunut, mutta aivan liian sattumanvaraisesti, liian kapeasta raosta silmäillen, näkemättä eteeni tai sivuilleni. Nyt tuon ihmiselämän ulkoinen kulkuväline, biologinen oma itseni, oli jo alkanut rappeutua. Jo aikaa sitten olin lakannut valloittamasta sitä, jo aikaa sitten otteeni oli alkanut kirvota. Nyt oli suhteemme sellainen, etteivät ruumiin rajat enää kahlinneet minua samalla tavoin kuin joskus kiireen vuosina, jolloin se ja minä olimme olleet yhtä.

Tunsin vuoteella ruumiini lähes sietämättömän raskaaksi. Tunsin jäsenissäni kipua. Tajusin, että kipu katseli ruumistani samasta suunnasta kuin nyt minäkin. Minä vain tavoitin sen aistieni välittämänä enkä siksi ollut ennen huomannut sen tulosuuntaa. Kipu ilmoitti, etteivät henki ja aine olleet sopusoinnussa, että aine pyrki vapautumaan aineettomuuden hallinnasta ja napisi siksi, ettei sellainen vielä onnistunut. Se oli siis elämän merkki, elävän aineen merkki, mutta samalla merkki vähittäisestä irtautumisesta, voimien, myös elinvoiman, vähittäisestä uupumisesta, ruumiin kykyjen asteittaisesta vähenemisestä. – Aloin vihdoin nähdä oman itseni kokemani ihmiselämän kokonaisuudesta käsin.

□

KIPU

Mitä on kipu? Kielitoimiston sanakirja puhuu fyysi-
sestä ja psyykkisestä kivusta ja antaa kivulle syno-
nyymeja *särky, kirvely, kivistys, poltto, pakotus.*
Listaa voisi tietenkin jatkaa loputtomiin: kolotus, vih-
laisu jne. Kipua yritetään lievittää ja poistaa hiero-
malla, lääkkeillä, puhumalla, suuntaamalla huomio
muualle ja monella muulla keinolla. Psyykkinen kipu
voi heijastua fyysisyyteen, konkretisoitua ja päin-
vastoin.

Onko kipu vihollinen? Se on tärkeä turvalli-
suudellemme, suojamekanismi, joka varoittaa meitä.
Se kiinnittää huomiomme uhkaan, jota emme ehkä
huomaisi ilman sitä. Fyysisessä vauriossa kudosten
kipuhermopäätteet aktivoituvat ja viestivät tapah-
tuvasta. Mutta mitä kipu on?

Yleensä tulkitsemme kivun ulkoiseksi prosessiksi,
jonka olennainen sisältö ovat juuri kemialliset ja
fysikaaliset ilmiöt ja tapahtumat ja niiden heijas-
tuminen aivoihin. Niitä voidaan mitata ja tutkia. On
kipuasteikkoja, jotka kertovat kivun voimasta, esi-
merkiksi yhdestä kymmeneen. Jotain päätellään fyy-
sisistä havainnoista, esimerkiksi reaktioista ja tapah-

71

tumista, jotain kivun kohteen tuntemuksista ja tulkinnoista. Psyykkisen kivun mittaaminen on vaikeampaa.

Kipu ei kuitenkaan ole sama kuin sitä ilmentävä ulkoinen prosessi. Kipu on jotain, minkä voi vain kokea. Täysin terve ei tunne kipua, ellei jokin ulkopuolinen tekijä sitä aiheuta – oma elimistö siihen mukaan luettuna. Kivun syntyessä meissä herää tietoisuus olemassaolosta, elämää ylläpitävistä, muuttavista, vaikuttavista voimista, jotka toimivat päivätietoisuutemme ulottumattomissa ilmaisten itsensä vasta "herätessään" hälyttämään. Se on kuin kätketyn laavavirran esiintulo tulivuoren pimennoista. Tulemme siitä tietoiseksi vasta sen roihahtaessa esiin.

Sekä fyysistä että psyykkistä kipua voi lähestyä tällaisin ajatuksin ymmärtäen, sulautuen ja jopa kiitollisuutta tuntien. Se ei poista kipua, vaikka voikin osaltaan lievittää, mutta se lisää itsetuntemustamme, sisäisen itsemme tuntemista. Se on osa sitä salaista voimavirtaa, joka saa sydämen sykkimään ja liikuttaa jäseniämme, tietoisuuteen noussutta elämänvoimaa, olemisen tahtoa. Näkymätön muuttuu näkyväksi, tiedoton tietoiseksi. Kipu kertoo, että elämme. □

UNI

Uni on kokemusalueena pohdituttavimpia asioita elämässä. Unia tutkiskellut ruotsalainen Louise Minerva Frostegren puhuu yönunista, päivänunista ja elämänunista. Niillä hän tarkoittaa elämässämme lähinnä kaikkea sitä, mikä ei ole sattumaa. Eikä sattumaa ole, jos kerran elämämme on valvetta ja unta. Johdatus kyllä taitaa mahtua mukaan.

Kautta aikojen unenselitykset ja -tulkinnat ovat työllistäneet ihmiskuntaa Vanhan testamentin Joosef Jaakobin pojasta lähtien aina nykyajan kliinisiin unentutkijoihin saakka. Uniin vaikuttavia tekijöitä on mainittu menneistä, juuri vallitsevista ja tulevista oloista ja tapahtumista. Kun on kyllin vaikeasti selitettävissä olevia, monta kertaa arvailuihin nojautuvia syitä ja seurauksia, tilaa on paljolle ja monelle. Unet kiehtovat, selitykset kiinnostavat ja voivat vaikuttaa suunnitelmiimme ja päätöksiimme.

Harva meistä on kai onnistunut täysin ohittamaan tällaiset asiat elämänsä eri vaiheissa. Nyt vanhemmalla iällä unista ja nukkumisesta olen omakohtaisesti löytänyt toisella tavoin mielenkiintoista, nimittäin unen ja valveen rajat − tai niiden

73

välisen rajattomuuden. Joskus tuntuu siltä, ettei rajaa välttämättä olekaan, rajatarkastus on lakannut toimimasta tai ainakin keventynyt, ja on vain itse huomattava, missä mennään. Tämä koskee tietenkin vain unen rajaseutuja.

Joskus uni jatkuu, sitä ikään kuin jatkaa itse rajan tälläkin puolella, kunnes huomaa, että juna on jo saapunut asemalle ja vaunusta voi jo poistua. Varsinkin mielessä muotoutuvat unikuvat ovat toisinaan lähes huomaamatta muuntuneet sanallisiksi ilmauksiksi. Toisinaan ne vielä tavoittaa, välillä ne jättävät jälkeensä vain vaimenevan vanan aivan kuin nähdyt unetkin. Ja joskus myös aivan nukkuessaan tietää nukkuvansa ja elävänsä keskellä omaa untaan. Tuntuu siltä, että höperyyden sijasta kyse onkin jonkinlaisesta tajunnan avartumisesta. Ja juuri silloin saattavat ilmaantua myös uudet ideat ja aiheet kuin valmiina eteen asetettuina.

□

RUUMIS, SIELU, HENKI

Vuonna 869 Konstantinopolissa kahdeksas ekumeeninen kirkolliskokous päätti, että ihminen jäsentyy ruumiiksi ja sieluksi. Jako ruumiiseen, sieluun ja henkeen kiellettiin. Päätettiin ihmisen olemuksesta, siitä, mikä on oikein ja mikä väärin. Kun kirkolliskokous päättää, totuus on se, mikä voittaa äänestyksen. Todellisuus ei kuitenkaan noudata kirkolliskokousten eikä muidenkaan kokousten päätöksiä, olipa ne tehty millaisella enemmistöllä tahansa. Järjestyneen yhteiskunnan ylläpitämiseksi tarvitsemme asiallisia ja järkeviä päätöksiä. Emme mielivaltaisia mielipiteitä. Jotkin, kuten tämäkin päätös, vaikuttavat vuosisatoja enemmän tai vähemmän harhauttavasti ja kaventavasti ajattelutapoihimme. Ehkäpä ilman sitä olisi ihmisen ja eläimen ero jäänyt selvemmäksi.

Ruumiiksi tai kehoksi kutsumme tietenkin ihmisen aistein havaittavaa olemusta, päätä, raajoja, vartaloa, elimistöjä, nesteitä. Ruumiiseen kuuluu myös paljon aistein tavoittamatonta, esimerkiksi elämänvoimat ja kasvuvoimat. Elävä olemuksemme muuttuu vainajaksi, kun näkymätön poistuu ja aineellisen maailman hajottavat voimat pääsevät valloilleen.

Eläimillä on myös ruumiinsa ja kuolemansa. Eläimellä on ihmisen lailla läheisesti aineelliseen ruumiiseensa liittyviä tarpeita, mielihyvän tai mielipahan kokemuksia, viettejä ja vaistoja. Mutta ihmisellä on jotain enemmän. Ihmisellä on kyky oppia hillitsemään ja hallitsemaan niitä. Luonnettaan ja temperamenttiaankin. Ihmisen on mahdollista irtautua ajattelunsa keinoin fyysisestä todellisuudesta. Matematiikka on hyvä esimerkki siitä. Ja ihmisellä on kyky ottaa oma itsensä tarkkailunsa kohteeksi. Tätä kaikkea voi nimittää ihmisen sielullisuudeksi, sielun alueeksi. Sitä näkymätöntä, mikä tätä kannattelee, voimme sanoa sieluksi.

Henki on jotain enemmän. Sielu on kuin silta ruumiista henkeen. Henki tekee meistä ainutkertaisia yksilöitä, minä-olentoja, jotka kurottavat kohti tieteitä, taiteita, uskontoja ja muita yleviä päämääriä. Kohti todellista viisautta. Vasta hengen avulla voimme olla tietoisesti yhteydessä todelliseen, elävään, henkiseen, aistirajat ylittävään maailmaan, johon kristillinen rakkauskin osaltaan viittaa.

□

IKÄ JA KEHITYS

Yksi tapa tutkia ihmisen kehitystä on tarkastelu ruumiillisuutta, sielullisuutta ja henkisyyttä havainnoimalla. Tätä hyödyntää mm. äskettäin (2019) sata vuotta täyttänyt waldorf- eli steinerpedagogiikka.

Ruumiin kehitys kokee lapsuudessa ja varhaisnuoruudessa suurimmat muutoksena tahdon, tunteen ja ajattelun spontaanisti muotoutuessa: oman ruumiin haltuunotto pysyvää hammasrakennetta myöten, oman itsen tietoinen tunnistaminen suhteessa ulkomaailmaan murrosikään mennessä niin sisäerityksen, rytmisen elimistön keskinäisten suhteiden (syke, hengitys) kuin ruumiinrakenteen kokosuhteidenkin vakiintuessa. Vielä ponnistus aivojen totuttamiseksi abstraktiin ajatteluun ja aikuistumisen kokemus, niin ruumiillinen kehitys on saavuttanut valmiutensa painopisteen siirtyessä sielullisempaan suuntaan.

Nuori aikuinen on parissakymmenissään monesti energinen yhden asian ajaja, barrikadeille nousija, joka saa virikkeensä ulkopuolelta (näin tehdään). Vasta kolmeakymmentä ikävuotta lähestyessä herää ehkä syvempiä kysymyksiä tekemisen tarkoituksesta

ja tavasta (miten tehdään) ja alkaa itsenäinen pyrki-
mys ongelmien omaehtoiseen ratkaisemiseen.

Neljänkymmenen ikävuoden vaiheilla on tärkeä aika
panostaa henkisyyden kehitykseen. Fyysinen kunto
ei ole enää parhaimmillaan. Se alkaa väistämättä eri
tavoin heiketä. Katsaus taaksepäin omiin saavu-
tuksiin ei välttämättä täysin tyydytä. Nyt ei saisi
antaa periksi eikä noudattaa hengen alueella ruu-
miin alenevaa linjaa. Nyt juuri olisi henkisen kasvun
jatkuttava kauniina kaarena omaa tietään ylöspäin
kohti viisasta ja kypsää ikääntymistä.

Vanhuus ei ole paha asia. Se on kuin tähystyspaikka,
josta voi arvioida menneisyyttä, nähdä kehityslinjat
ja tarkoitukset samalla yrittäen ymmärtää suorit-
tamaansa taivalta, perusteita ja pyrkimyksiä ja
vaikuttaa myönteisesti ympärillään olevaan ja
tapahtuvaan. Tällöin on mahdollista nähdä myös,
miten vähän loppujen lopuksi on olemassa pelkkää
sattumaa ja miten paljon ilmeistä henkisen
todellisuuden johdatusta ilman omia ansioita ja
monesti vastoin omia alkuperäisiä pyrkimyksiä.

□

KUOLEMA

Luuletko, että päiväperho suree
elämänsä pientä matkaa?
Onnentanssin hurmaan itsenä heittää,
kuolemaansa asti jatkaa.
Kuolo kun tulee, tanssi jo jää.
Päivä laski, kesäyö hämärtää.
Tummuvi lehto, harmaa on kehto;
uni perhosen jo nouti.

Jo lapsena minulla oli käsitys kuolemasta. Tosin se oli
hyvin epämääräinen. Kun joku ei uskonut sanojani,
vakuutin, että kuoleman jälkeen sitten huomataan
minun olleen oikeassa.

Olin veljelleni kateellinen siksi, että hän oli esikoinen,
minua vanhempi. Lohduttauduin ilmoittamalla hä-
nen myös kuolevan minua ennen. Ajattelin kuitenkin
vain ikäeroamme. Todellisuus oli paljon ankarampi.

Nyt, kun omaa ikää alkaa olla jo melkoisesti, enem-
män kuin nykylapsen elinodote, kuoleman olemas-
saolo on tullut todellisemmaksi. Ja kuitenkin se on
epätodellinen, ei uhkaava, teoreettinen.

Ikäennusteet tuovat mieleen Akilleuksen, kuningas Peleuksen ja merenjumalatar Thetiksen pojan, jonka kuviteltu kilpajuoksu kilpikonnan kanssa ei koskaan päättyisi, koska aina kun Akilleus saavuttaa kilpikonnan sijaintipaikan, tämä on ehtinyt jo hitusen verran kauemmaksi. Aina kun ikäennusteen ilmoittama ikä on saavutettu, se antaa hieman jatkoaikaa. Ja muutenkin väestön odotettavissa oleva elinikä pitenee.

Tuttavapiirissäni on niitä, jotka sanovat uskovansa, että kun ihminen kuolee, se on siinä. "Maaksi pitää sinun jälleen tuleman." Sitten on toisia, jotka ilmeisesti odottavat itselleen kuuluvaa ihanaa taivaallista tulevaisuutta muiden hurskaiden joukossa. En voi samastua kumpiinkaan. Minusta siinä välissä on jotain, joka enemmän vastaa käsitystä "tie, totuus ja elämä": uutta kokemusta, uutta tietoisuutta ja uutta jatkuvuutta. Sitten joskus!

Mutta mikä siis onkaan pitkän maisen iän salaisuus? Pitää elää tarpeeksi kauan.

□

PRE-EKSISTENSSI JA REINKARNAATIO

On asioita, joista lähes kaikilla on mielipiteensä. Pre-eksistenssi eli sikiämistä ja syntymää edeltävä olemassaolo sekä reinkarnaatio eli jälleensyntyminen ovat tällaisia aiheita. Kummankin kiinnostavuutta on ylläpitänyt omassa kulttuuripiirissämme mm. se, että näitä kysymyksiä on kristinuskonkin piirissä käsitelty aikojen kuluessa ristiriitaisesti.

Koko maailmaa ja sen väestömäärää ajatellen nämä molemmat kiistankohteet hylkäävä evankelisluterilainen kirkkomme on häviävän pieni sirpale maailman uskonnoista; siinäkin mielipiteet asioista vielä vaihtelevat, mutta on luonnollista, että Suomessa kansankirkkomme vaikutuspiiri on suuri, ja sen kannanotot ovat enemmän tai vähemmän muidenkin kuin vain omien jäsenten tietoisuudessa.

Logos eli Sana oli kristinuskon syntyaikoina paljon käsitelty ja pohdittu aihe. Ajatusta ihmisen pre-eksistenssistä käsiteltiin myös Logoksen tai kosmisen Kristuksen pre-eksistenssin yhteydessä, eikä se tarkoittanut ihmisenkään kohdalla pelkästään aikaa ennen syntymää vaan jopa ikuisuutta ennen maailman luomista. Piispa Synesios Kyreneläistä (373–414) pidetään säilyneiden kirjoitustensa perusteella yhtenä viimeisistä kristityistä, jotka kokivat sielun pre-eksistenssin paikkansa pitäväksi totuudeksi.

Konstatinopolin ekumeeniselta patriarkalta Fotios Suurelta (n. 820–893) on peräsin tietoja ensimmäisen varsinaisen kristillisen filosofin Klemens Aleksandrialaisen (n. 150–215) kahdeksasta kirjasta "Hypotyposeis" (Luonnoksia tai Ääriviivoja), jotka kertoivat jälleensyntymisestä ja muiden maailmojen olemassaolosta. Mahdollisesti näiden, myöhemmin harhaopiksi muuttuneiden aiheiden vuoksi niitä ei enää jäljennetty ja ne katosivat.

Efesolaiskirjeen jakeissa 1:3–5 (UT 1938) Paavali puolestaan puhuu ihmisen pre-eksistenssistä taivaissa:
"Ylistetty olkoon meidän Herramme Jeesuksen Kristuksen Jumala ja Isä, joka on siunannut meitä taivaallisissa kaikella hengellisellä siunauksella Kristuksessa, niinkuin hän ennen maailman perustamista oli hänessä valinnut meidät olemaan pyhät ja nuhteettomat hänen edessään, rakkaudessa, edeltäpäin määräten meidät lapseuteen,

hänen yhteytensä Jeesuksen Kristuksen kautta, hänen oman tahtonsa mielisuosion mukaan."

Konstantinopolin toinen kirkolliskokous julisti vuonna 553 pannaan ne, jotka ajattelivat toisin kuin keisari Justianus ja kannattivat väitettä sielun pre-eksistenssistä ja takaisintulosta. Miksi julistus olisi ollut tarpeen, ellei jälleensyntymisoppia olisi tunnettu alkukristillisyydessä? – Vielä 1400-luvulla kataarit pitivät jälleensyntymistä olemassa olevana tosiasiana.

Asioiden kiinnostavuutta lisäävät kertomukset lapsista tunnistamassa paikkoja, joissa eivät koskaan ole käyneet, ja henkilöitä, joita eivät koskaan ole tavanneet. He kertovat yksityiskohtaisesti asioista ja tapauksista, joista heillä ei ole voinut olla tietoa. Esimerkiksi Valituissa Paloissa on marraskuussa 2019 tällainen arvoitus "Oudoissa tapauksissa" alaotsikolla "Uudelleen syntyneet kaksoset" (s. 125). Selittämätön ei selity ainakaan ohittamalla, ylimalkaisesti väittämällä, kieltämällä eikä vähättelemällä. Olisikohan omassa "oikeassaolon opissamme" aukkoja, jos turvaudumme sellaiseen? Maailmassa on arvoituksia.

□

ALKU

Maailman vaikein kysymys: mistä kaikki sai alkunsa? Alkuräjähdys, luominen. Materian tunnustava nykyihminen ei juuri luomiselle kallista korvaansa. Uskoon tullut herätysliikkeen kannattaja näkee siinä Kaikkivaltiaan toiminnan: "Alussa oli Sana, ja Sana oli Jumalan tykönä, ja Sana oli Jumala." Sanan eli Logoksen olemuksesta onkin sitten kiistelty kautta aikojen.

Ajattelipa asiaa miten päin tahansa, lienee sentään selvää, ettei aine, materia, ole ikuista, aina olemassa ollutta. Mutta mistä alkuräjähdys sai alkunsa? Aineellisen lisäksi meillä on kaikkialla monenlaista aineetonta, aisteilla ja mittareilla tavoittamatonta, joka tavalla tai toisella kertoo aineen piirissä olevansa olemassa. Toisten ajatuksen olemassaolo voidaan havaita, ei ajatusta. Toisten tunteiden olemassaolo voidaan havaita, ei itse tunteita. Tahdon havaitseminen on sekin mahdotonta, vaikka tapahtumisesta näkee sen toimimisen.

Ellei ainetta ole aina ollut, se on syntynyt jostain muusta. Onko muuta mahdollisuutta kuin aineeton, henkinen tai miksi sitä haluaa nimittää? Olisiko väärin nimittää tätä luomistapahtumaksi? Olisiko väärin olettaa, että henkisen alueella voi olla tietoisuuden hallitsemia ja toimivia voimia, olemuksia tai olentoja, esimerkiksi enkeleitä, ehkä demoneja? Ja että aine voi olla hengen heijastusta ja hengen avulla herätä henkiin, elää, niin kauan kuin henki sen täyttää.

Kun puhumme Kaikkivaltiaasta tai tietystä uskonnosta riippumatta Jumalasta, koemme Hänet helposti persoonaksi, jossain mielessä ihmisen kaltaiseksi olennoksi – jos kerran ihminen on luotu Jumalan kuvaksi, ja olihan Kristuskin ihminen. Toisista koko juttu on vanhanaikaista satua, toisista taas totista totta. Jos ja mikäli näkymätön, ns. henkinen maailma on kaikkialla, täytyy Kaikkivaltiaankin olla ja vaikuttaa kaikkialla, siellä, missä hyvä vallitsee, ja siellä, missä paha vallitsee. Alkuviisaudestako on kysymys?

Me puhumme menneistä vuosimiljoonista tietämättä, mitkä lainalaisuudet silloin vallitsivat, jos meidän logiikkamme ei olisi ollutkaan ikuista. Teoriassa asiat olivat niin tai näin. Kovin pienet ovat kaiken suuren rinnalla seikat, joista kiistellään. Ja kovin suuri maailman vaikein kysymys kaiken perustasta?

Joskus tuntuu, että kaiken taustalla on suunnaton rakkaus, josta luominen, aineen ja elämän syntyminen, alkoi ja kehittyi. Nyt vallitsee pitkä etsikkoaika, joka samalla odottaa uutta luomistapahtumaa. Pitkä kehityksen vaihe, pitkä oppimisen aika, jatkuvan luomisen vaihe – sillä valmiiksihan tätä maailmaa ei voi sanoa eikä ihmistäkään valmiiksi Jumalan kuvaksi.

□

KRISTUS-KOKEMUS

Elämässä on joskus hetkiä, jotka jatkuvat edelleen koko elämän ajan. Minulla oli sellainen lapsena, luulisin noin nelivuotiaana, silloin kun totuus ja luottamus täytti vielä kokonaan maailmani eikä valhe ollut ehtinyt näyttäytyä. Olin sairaana. Muistan heränneeni yöllä. Olohuoneessa oli valoisaa, ja Jeesus – tunsin hänet heti – istui tuolilla ja otti minut syliinsä. Olo oli rauhallinen ja turvallinen. Aamulla herätessäni olin terve.

Minun ei ole koskaan tarvinnut miettiä, onko Jumalaa olemassa. Ei myöskään tarvinnut pohtia, onko vesi märkää, onko 3x3 yhdeksän, olenko minä minä. En ole saanut uskonnollista herätystä. Herätystä mistä ja mihin? Maailmani on rakentunut omalla tavallaan tuon jatkuvan hetken varaan. Ei kiihkoillen vaan aitona todellisuutena iloineen ja suruineen.

Olen kyllä monesti ihmetellyt, miten ihminen on voinut irtautua niin sisimpänsä alkuperästä, että usko on kadonnut ja hyytynyt materialismiksi. Herätäksemme tarvitsemme vain aimo annoksen rakkautta.

□

RAKKAUS

Suomen kielessä on kaksi sanaa, *rakastaa* ja *lempiä*, jotka molemmat voivat kertoa eroottisesta tunteesta, *rakastaa* lisäksi paljon syvällisemmistä ja moninaisemmista kiintymyksen kokemuksista.

Vanha kreikkalainen kirjallisuus tuntee neljä rakastamista ilmaisevaa- verbiä: *eraō, fileō, stergō ja agapaō.* Ensimmäinen viittaa aistilliseen rakkauteen, toinen esim. ystävyyteen tai sukulaisuuteen perustuvaan myötäelämiseen, kolmas läheiseen – kuten vanhempien ja lasten tai hallitsijan ja alamaisten väliseen – kiintymykseen. Viimeisen merkitys on epämääräisempi. Kiinnostavan siitä tekee siihen perustuva substantiivi *agapé.* Sitä ei vanhassa kirjallisuudessa juurikaan esiinny. Siksi se oli sopiva uuden kristinuskon käyttöön, kun Uutta testamenttia luotiin. *Agapésta* tuli kristinuskon keskeisin käsite, kristillisen rakkauden nimittäjä. – Sanojen vivahteilla on merkitystä. Joskus tarkoitus on etsittävä samasta kirjoitetusta sanasta, joskus se ilmaistaan äänensävyllä. Kääntäminen kielestä toiseen tuo tällöin ongelmia mutta luo myös uusia mahdollisuuksia.

□

RUNO

Nuorena kirjoitin aina mitallisia, loppusoinnullisia runoja. Esikuvia oli tietenkin paljon. Oli Eino Leino, oli Kaarlo Sarkia, oli Aaro Hellaakoski monista muista puhumattakaan. Runossa tuli olla mitta ja riimi.

Ne kaksi seikkaa olivat oiva apu ja tuki runoa rakentaessa. Mukana tuli muoto, joka piti koossa, sitoi eri tavoin säkeet toisiinsa ja tarjosi valmiin a-lustan. Runojalat rytmittivät sanottavan trokeen (–◡) ja daktyylin (–◡◡) astuntaan ja joskus unettavaankin jatkuvuuteen tai jambin (◡–) ja anapestin (◡◡–) nousevaan hyökkäykseen. Spondee (––) ja pyrrhikus (◡◡) rauhoittivat ja vakavoittivat omalla tavallaan. Pitemmät runojalat, nelitavuiset peonit (–◡◡◡, ◡◡◡–), olivat harvinaisia.

Muoto oli hyvä, oma itsenäinen sanottava vähäistä, lainattuja runomittoja, lainattuja kuvia, balladeja, kliseitä, tragiikkaa, dramatiikkaa, ylilyöntejä. Nuori mieli ajaa intohimoisesti asioita, julistaa palavasti sitä, mitä toiset ovat toisin sanoin jo aikaa sitten julistaneet. Muoto kannatteli, sisältö ei. Muoto myös vangitsi.

Vapaa mitta antoi mahdollisuuden oman itsen esiin tuomiseen. Sen sai rytmittää sisällön mukaan. Runo ei vaatinut, se antoi tilaa. Vapaamittainen runo vastaa paremmin nykyihmisen itsenäistymistä, minuuden sisäistymistä ja yksilöllisyyden valloittamista. Mitallista runoutta tarvitaan lauluissa, virsissä, kaikessa pysyvässä ja muuttumattomassa ilmaisussa. Se sitoo oman luonteensa vuoksi. Rytmi ja mitta kannattelevat usein vangittua tahtoa, kuten marssi, ja tunteita, vapaa mitta ajattelua ja uuden kohtaamista.

☐

MUSIIKKI

Kansakoulussa lauloimme lauluja opettajan säestäessä urkuharmonilla. Oppikoulussa ei paljon laulettu paitsi koulun aamuhartauksissa aina jokin virsi juhlasalin urkujen säestyksellä. Kotona laulettiin varsin vähän ja soitettiin vieläkin vähemmän. Radiosta tulivat "Toivotut". Joitakin soittotunteja sain neiti D:ltä kahden korttelin päässä kotoa yhden talven aikana, kun piano oli hankittu, siihen soittajanurani kuitenkin uuvahti.

Ylioppilaselämässä osakunnassa lauloimme aina yhteisissä tilaisuuksissa osakunnan laulukirjasta. Se oli reipasta menoa, mutta siihen musiikkielämäni supistuikin, kunnes nykyelämässäni tällä uudella vuosituhannella pääsin vaimoni johdattamana todelliseen musiikkimaailmaan. Kuorolaulua, soittoa, elävää musiikkia kotona ja koko siinä piirissä, jossa hän oli elämänsä elänyt. En laula kuorossa, en edelleenkään soita mitään instrumenttia mutta musiikkia saan kuulla sitäkin enemmän.

Musiikki on siitä rikas alue, että se laajenee ehkä kaikista taiteista helpoimmin kuuloaistista myös muiden aistien alueille. Pehmeys, kovuus, lempeys, lämpö, viileys, värit, kosketuskin ovat sävyjä ja kokemuksia, joita musiikki meille välittää. Mutta myös ajattelun ja mietiskelyn juoksua tai intensiivisyyttä, tunteen monia aspekteja ja tahdon päättäväisyyttä, määrätietoisuutta tai aggressiivisuuttakin.

Kaikki maailman vanhemmat, kasvattajat, poliitikot ja kouluviranomaiset, antakaa lapsille ja nuorille musiikkia, monipuolisesti musiikkia, itse soitettavaa, itse laulettavaa, elävää musiikkia!!!

□

LIITE

Häävalssi

Elontie on arvaamaton.
Mitä se suo, viekö vai tuo?
Tietää ei voi, kello kun soi,
avaako vai kammitsoi.

ELÄMÄNLANKA

Yli puoli vuosisataa sitten elämäni oli vakavassa nollatilanteessa ja koko olemassaoloni kirjaimellisesti vaarassa. Silloin aivan yllättäen mieleeni pujottautui pieni oloani rauhoittava sävelmä. Paitsi että hämmästyin, halusin säilyttää sen muistissani. Mutta en osannut nuotintaa sitä, eikä minulla ollut mitään soitinta, millä tuoda sitä julki.

Silloin muistin nauhurini, senaikaisen kookkaan neliraitaisen Grundigin. Niinpä vihelsin sävelet varmuuden vuoksi neljään kertaan päällekkäin. Ja siinä ne olivat.

Nauhoitusta ja Grundigia ei ole enää olemassa, mutta sävelmä painui nopeasti lähtemättömästi mieleeni. Siitä lähtien se oli tukenani, elämänlankanani, joka lukemattomat kerrat auttoi vaikeissa tilanteissa. Miten ja miksi? Siihen en osaa vastata.

Joskus 80-luvulla kööpenhaminalainen ystäväni Carlo kävi Helsingissä. Hän oli Suomi-ystävä ja taitava kanteleensoittaja. Vihelsin sävelmän hänelle, ja hän nuotinsi sen pyynnöstäni. Pian sen jälkeen Tanskassa käydessäni sain kuulla sävelmän ensiesityksen hänen sovittamanaan ja hänen viisihenkisen kanteleryhmänsä soittamana!

Myöhemmin olen kokenut sävelmän häävalssinani, syntymäpäivilläni ja vanhimman lapsenlapseni häissä. Sanat ilmestyivät mukaan vasta vuonna 2019 helmikuussa viettäessäni vaimoni kanssa hääpäiväämme tavallista juhlavammin. Sain laulaa ne hänelle.

Sävelasteikko on suruvoittoinen a-molli. Siihen kätkeytyy kuitenkin lupaus, joka on kantanut, kuten sanottu, jo pitkälle yli puolen vuosisataa.

□

VALSSI
a-molli

Säv. Arto Ingervo

ABABA

HÄÄVALSSI

1. On ilo suuri sydämen,
   kun täyttyy toive riemuinen,
   ja murhe kauas lymyää,
   nyt onni kun taas hymyää.

   Elontie on arvaamaton.
   Mitä se suo, viekö vai tuo?
   Tietää ei voi, kello kun soi,
   avaako vai kammitsoi.

2. Sinulle laulan, rakkaani:
   "Jo avautui ja syveni
   luottamus, usko rajaton
   lujaksi kasvanut on."

   Elontie on arvaamaton.
   Mitä se suo, viekö vai tuo?
   Tietää ei voi, kello kun soi,
   avaako vai kammitsoi.

3. On ilo suuri sydämen,
   kun täyttyy toive riemuinen,
   ja murhe kauas lymyää,
   nyt onni kun taas hymyää.

Arto Ingervo

LOPPUKEVENNYS

Koulupoikana harjoitimme omanlaistansa satiiria selkeäkielisyyden puolesta: venyttelimme sanoja. Minun pisin sanani kuului muistaakseni näin:

kumarreksittuoiduskenteleentuvaisuudellisehkollaismaisekkuudellisenneskenteluttelevaisuudellisuuksissansakaankopahan

□